LE HIC

DE LA

POLITIQUE INTÉRIEURE.

LE HIC

DE LA

POLITIQUE INTÉRIEURE,

OU

MOYENS DE RÉUNION;

Par Mr C.-V.,

RÉDACTEUR DU JOURNAL POLITIQUE DE L'AUBE.

A PARIS,

CHEZ DELAUNAY, LIBRAIRE, AU PALAIS-ROYAL.

—

1824.

LE HIC

DE LA

POLITIQUE INTÉRIEURE,

OU

MOYENS DE RÉUNION.

UNE brochure! un pamphlet! mots synonymes par le fait, je vous rejette avec horreur.

Les brochures sont aujourd'hui le refuge des esprits exaltés, mécontens, ambitieux ou désespérés. Je le déclare franchement, j'ai l'esprit tranquille, je vis de rien plus content qu'un prince, et si ma plume trace cet écrit, c'est encore pour la France et pour le Roi!

La France! ô ma patrie, puisse-tu jouir longtems de la paix et de la prospérité que nous présage ta situation présente!

Le Roi! puisse la Providenee accorder à S. M. de longs jours pour la patrie!

Pourquoi donc mes vœux ne seraient-ils pas exaucés? Les événemens qui doivent naître des opérations humaines, surtout dans les affaires d'état, sont des problèmes qu'on ne peut résoudre que par le calcul des probabilités; mais tout

ce qui tient aux grâces divines s'explique par l'es-
pérance et par cette idée consolatrice que le Dieu
de Saint-Louis veille sur nos destinées futures !

Jusqu'à ce jour, les amis de l'ordre public et
de la paix intérieure des familles, ont senti une
certaine odeur au calice des fleurs du gouvernement représentatif ; il faut espérer qu'en vieillis-
sant, la sève, corrigée par les années, fera pro-
duire à l'arbre constitutionnel des fruits d'une
saveur plus agréable. Et en effet, cet arbre ne
paraît-il pas déjà mieux préparé depuis qu'une
taille hardie l'a débarrassé de ses rameaux usur-
pateurs ? Mais puisqu'enfin les pousses nouvelles
promettent une bonne récolte, veillons soigneu-
sement à corriger la racine gourmande : c'est la
le hic.

Les Rois appelés par le sort à gouverner des
peuples divisés sont à plaindre ; mais les Rois
qui sauront rétablir l'union et la concorde seront heureux et leurs noms passeront bénis à la
postérité, précisément parce qu'ils auront ci-
menté le bonheur des peuples. Le point difficile
est de donner à l'esprit public une bonne direc-
tion et de maintenir les peuples dans la bonne
voie, *in viâ salutis.*

Ainsi que des enfans encore rebelles, parce
que l'éducation leur manque, les peuples ai-

ment à suivre le torrent de la nouveauté et ils s'attachent de préférence à ceux qui les flattent en les égarant. Mais l'illusion n'est qu'un prestige d'enchantement, elle passe comme l'éclair dans l'orage ; à l'agitation, à la fureur politique succède le calme réparateur ; l'homme égaré, épouvanté, a repris tous ses sens, et rendant grâces aux rayons d'un soleil bienfaisant dont les feux épurés raniment la nature, il reconnaît enfin la puissance souveraine, et rentre dans cette voie du salut, vers laquelle son instinct le ramène.

Voyons quelle sera sa condition.

De même que les peuples sont obligés à la soumission envers les gouvernemens ; de même ceux-ci doivent aux peuples une protection que j'appellerai illimitée, parce que je la mesure sur la munificence des Princes qui nous gouvernent.

Un simple particulier a des serviteurs fidèles, il veut qu'ils vivent heureux autour de lui, il sait améliorer progressivement leur existence, il saura même la leur assurer après sa mort. Voilà un principe de gouvernement monarchique : *il faut que le Prince encourage, et que ce soient les lois seules qui menacent.*

Imprimez donc dans l'esprit des peuples l'idée

de la douceur et de la protection du gouvernement, ils vivront tranquilles et contens ; mais n'allez pas leur dire qu'ils ne sont pas libres, il y aurait de la maladresse, et les ministres d'une monarchie constitutionnelle savent apprécier les conséquences de ce raisonnement. Si je traite mon serviteur en esclave, il fuira ma maison.

Mais, dira-t-on, les hommes sont insatiables dans leur ambition, et comment empêcher qu'il n'y ait des mécontens ? je le sais, il est difficile d'étouffer les plaintes du malade qui souffre ; mais pourtant il y a des palliatifs et c'est encore le *hic* le plus sérieux.

Un despote se débarrasse des mécontens par des moyens arbitraires, c'est tout commode.

Mais un monarque légitime et constitutionnel qui représente à lui seul la garantie de toutes les légitimités, n'usera jamais de ces moyens ; sa religion, son amour pour les peuples, la gloire de son règne, les lois protectrices, tout s'y oppose. Comment donc apaiser ces ennemis épars dans l'intérieur ? La chose est urgente, surtout s'ils sont nombreux.

J'entrerai dans quelques considérations de droit et j'arriverai promptement aux moyens de fait auxquels il est important que nos hommes d'état veuillent bien s'arrêter.

Si la justice administrative était toujours im-
partiale, peut-être n'y aurait-il pas autant de
mécontens ? mais il ne dépend pas du chef
de l'état que cette justice soit égale pour tous.
Tout homme raisonnable sait que le Roi ne peut
vouloir le mal, et c'est précisément cette opinion qui rend les Rois si forts ; c'est cette sorte
d'infaillibilité qui est l'apanage et l'attribut de
la couronne. Ah ! qu'un Prince est bien plus
fort encore, quand le peuple est convaincu,
comme le sont aujourd'hui les Français, que
son Roi veut assurer la tranquillité et la féli-
cité publiques !

Sans doute que la modération dans le Gouvernement, la bonne administration des finan-
ces, le dégrèvement des impôts, l'abondance du
numéraire en circulation, la liberté du commerce et celle des individus sont autant de
moyens qui entretiennent le contentement des
peuples ; mais ils n'assouvissent pas l'ambition
des particuliers.

Comment Bonaparte a-t-il pu se soutenir sur
un trône qu'il avait dressé lui-même ? C'est par
une règle de conduite assez adroite. Le despote
allait au - devant des desirs des mécontens.
Certes, des Princes légitimes, environnés de
toutes parts de l'amour de leurs sujets, n'ont

pas besoin de descendre à ce moyen ; mais il est politique. Bonaparte savait aussi ramener à lui les hommes que des raisons de *répugnance légitime* en éloignaient. S'ils sollicitaient, il leur accordait beaucoup plus qu'ils n'avaient demandé, et ceux même qui ne demandaient rien recevaient davantage. Il savait les chercher, les *déterrer* jusque dans les champs de la province où la révolution les avait réduits à cultiver une friche ou les débris d'un fief.

A la vérité, les circonstances favorisaient cette prodigalité à donner des emplois, des grades, des honneurs ; au lieu d'un royaume, on en avait usurpé dix ; au lieu d'une place ou d'une charge à donner, on avait cent mille vacances par jour : manquaient-elles ? cent mille coups de canon y donnaient ouverture le lendemain. Aussi les ambitions se trouvaient assouvies. On a prétendu même, et j'ai de fortes raisons de le croire, que plusieurs de ses compagnons de fortune se plaignaient de cette abondance de biens dont on les accablait, et semblable à une pluie continuelle qui ne permet pas au voyageur de jouir des agrémens du voyage.

Revenons à notre état présent, et qu'il me soit permis d'en parler ici dans toute la franchise de mon caractère, dans toute la sincérité de mes vœux.

Les partis sont encore en présence, mais un calme presque général a succédé à l'agitation ; on examine, on écoute, on réfléchit, on veut enfin s'entendre. Nous voilà donc arrivés, parvenus au jour heureux de la réunion d'un peuple de frères ; mais gare qu'au fanatisme politique ne succède un autre fanatisme tout aussi dangereux ! Je reviendrai sur ce point.

Deux raisons diamétralement opposées l'une à l'autre ont divisé les Français. Ceux - ci croyaient avoir acquis des droits, ceux-là ont cru en avoir perdu. Je dois m'expliquer plus clairement : la révolution a ruiné les uns pour enrichir les autres. L'objet en lui-même est trop sérieux pour le soumettre au système de M. Azaïs. Aussi espère-t-on des compensations plus réelles, afin d'atteindre un équilibre plus juste dans la *pondération politique.*

Dans une monarchie, chacun aime à manifester son zèle et son dévouement pour le service du Prince, et l'on voit toujours à regret s'éloigner l'époque où l'on pourra jouir de cette prérogative. Repousser l'empressement de sujets fidèles et dévoués, serait, à mon avis, une grande imprudence. On grossirait chaque jour le nombre des mécontens. L'espoir donne des forces et du courage pour supporter les peines de la

vie. Un ministère habile sait entretenir cet espoir au profit de la paix et de la tranquillité
publique ; mais ce n'est là qu'une tactique dont
les mécontens ne sont pas dupes. Il faut un
vaste champ à leur ambition, ils veulent un
espoir réel, des garanties certaines. N'ont-ils
pas raison ? Les différens ministères qui s'é-
taient poussés successivement depuis dix ans,
avaient-ils fait les moindres efforts pour calmer
les opinions et les ambitions ? J'admettrai vo-
lontiers que les ministres aient eu trop peu de
tems à eux, et que, livrés à des discussions de
mots, il ne leur ait pas été possible de s'attacher
aux faits : c'est pourtant par les faits qu'il faut
gouverner.

Le ministère actuel commence à marcher
dans la bonne voie, et la France l'y suivra, s'il
a le courage d'aller en avant.

L'homme parvenu à l'âge de trente ans, à peu
près à moitié de sa vie, sent tout le besoin d'assurer son avenir et l'existence de sa famille ; il
se tourmente et s'inquiète si le gouvernement
ne lui offre pas de garanties. Il les voit ces
garanties dans la stabilité et la fixité des affaires
d'état, dans la justice distributive, dans la protection accordée aux différentes professions,
dans la succession au profit de tous, des emplois

et charges publiques, et enfin dans l'admission
à la récompense due aux anciens services, et
dans l'exactitude du paiement des retraites et
pensions. On ne saurait nier que sur tous ces
points le gouvernement du Roi ne laisse presque
rien à désirer. Mais on n'a point encore pensé
à créer l'émulation qui seule produira des hommes utiles et des sujets fidèles et dévoués.

Rendons justice cependant à un commencement de bonnes dispositions. La création des
juges auditeurs et le projet de loi sur les retraites
à accorder aux juges infirmes, sont de puissans
motifs d'émulation et de contentement général.
C'est par de semblables mesures qu'on attache
les sujets au Prince et à la chose publique. Posez
le but d'une manière loyale et généreuse, tous
les Français paraîtront à l'envi dans l'arène
publique, tous voudront concourir au bien général, et pour me servir des mêmes termes de
la création : *Ainsi que Dieu fit l'homme à son
image*, vous créerez le sujet *à l'image du
prince*.

Le but une fois posé, gardez-vous bien de
vous montrer divisés sur les moyens d'exécu-
tion. Faites abnégation de vous-mêmes, de vos
propres intérêts, en faveur des intérêts de tous.
N'allez pas rendre l'instruction publique vacil-

lante, et le sort des professeurs aussi incertain que celui des élèves. Une telle conduite détruirait en un instant l'émulation si nécessaire, le commencement et la fin de vos moyens pour y y parvenir, moyens dont Son Exc. le grand maître de l'Université a senti toute l'importance, en adoptant récemment des bases plus certaines.

Quel serait donc votre espoir pour l'avenir, si de même qu'un bon père voit avec plaisir son fils qui grandit pour lui succéder, vous n'éprouviez pas ce sentiment envers les enfans de la patrie ?

Un jeune Prince fut accordé à la France par un miracle de la prévoyance divine; il sourit ce royal enfant au bon peuple qui de toutes parts se presse pour contempler ses traits chéris; c'est pour lui dans la fleur de ses ans, et pour nous à la chute de nos jours, qu'il faut former une jeunesse à l'*image du Prince*. Ah ! que nous sommes heureux de montrer sur le trône et dans le palais de nos rois tant de modèles de clémence et de perfections humaines !

La révolution, ai-je dit, a créé des fortunes, elle en a détruit. Il est bien naturel que le riche fasse un sacrifice en faveur du pauvre; les hommes de la révolution sont à l'âge de la retraite, car presque tous les conventionnels sont morts. Vous ne demanderez à ces hommes aucun sacrifice, et vous ne serez ni ingrats, ni injustes, en offrant des retraites à ceux dont le zèle est affaibli par l'âge, et dont l'existence est assurée par les tems.

Vous avez encore dans toutes les administrations des employés dont les services peuvent être récompensés, si déjà ils ne l'ont été trop largement par trente années de bonnes affaires et par les bénéfices immenses *du tour du bâton.*

La hiérarchie graduelle dans les emplois est tellement établie qu'une seule retraite donnée à propos procure l'avancement et le bonheur à dix employés.

Enfin, une foule de titulaires viendront vous remettre leurs emplois en faveur de tel ou tel de leurs parens ou amis avec qui ils auront traité amiablement, et de qui par conséquent ils auront déjà reçu un prix que l'on pourrait souvent assimiler à une récompense publique.

Combien de charges se vendent aujourd'hui à des prix exhorbitans; avisez au moyen de les multiplier, vous rétablirez un équilibre raisonnable dans la valeur de ces charges, et vous trouverez jour à occuper des hommes fidèles et dévoués.

Ainsi s'ouvrira la source d'émulation et le trésor de bonté dans lequel le Prince puisera chaque jour une libéralité nouvelle. Si, cent mille retraites coûtaient à la France un million de rente, cet impôt léger, dont l'extinction n'irait pas au-delà de dix ans, opérerait des effets merveilleux sur l'esprit public ; mais il n'en coûterait rien au trésor, puisque chaque administration a aujourd'hui sa caisse des retraites ; caisse, qui a souvent prêté aux autres, et qui par conséquent doit avoir du crédit. J'irai plus loin, entraîné par mon zèle, et j'émettrai l'opinion franche que dans l'état de repos où se trouve la France, état que rien ne peut troubler désormais, il conviendrait de fixer la durée des services civils ou militaires, soit à 20, soit à 25 ans. Je l'ai dit : Chaque Français se montre jaloux de servir à son tour le Roi et la patrie. Je ne puis passer sous silence une observation qui mérite l'attention du ministère : un grand nombre des anciens employés ont eu depuis trente ans de faciles occasions, tant à l'extérieur qu'à l'intérieur, d'améliorer leur sort ; ceux-là sont dans l'abondance, tandis que ceux qui sollicitent restent dans le besoin et ne demandent que du pain pour leurs enfans. Les occasions de faire fortune sont devenues très-rares. Il faudra désormais travailler longuement pour amasser une honnête aisance. C'est ce qui fait rechercher les emplois du gouvernement, comme des dons gratuits ; c'est ce qui donne au gouvernement cet air de paternité et d'omnipotence qui assujettit les plus fiers à briguer ses faveurs, dès le commencement de leur carrière ; mais aussi c'est parce que le gouvernement est plus fort qu'il doit se montrer aussi confiant et généreux envers les hommes nés avec la révolution, dont ils ne peuvent être responsables, qu'envers les victimes de la révolution.

En France, comme en Espagne, il faut distinguer entre les hommes qui ont fait la révolution et ceux qu'a faits la révolution. Assurément les hommes qui ont aujourd'hui trente ans ne sont pas fautifs des crimes de 1793, époque de leur innocence première.

Pour réunir tous les esprits et se les attacher, il faut confondre tous les titres anciens et nouveaux, et ménager adroitement les faveurs du gouvernement au profit de tous.

Supposons pour un instant qu'un gouvernement s'établisse sur un peuple nouveau, et qu'il choisisse, de préférence, pour les admettre aux emplois tous les hommes de soixante ans ; ce gouvernement ne vivrait pas plus long-tems que ses créatures; mais si au contraire il recrute une armée de jeunes soldats, s'il fonde des établissemens où le génie de la jeunesse puisse être occupé, s'il multiplie dans les ministères, dans les tribunaux, dans les administrations les emplois lucratifs ou honoraires, et s'il donne ces emplois à des hommes dont l'énergie, le caractère et le dévouement le disputent à la vigueur de l'âge, un tel gouvernement sera fort de lui-même et pour long-tems. Il aura su en effet intéresser toutes les générations, et celle présente, et celle qui fuit, et la génération même qui commence. Un homme à trente ans est encore avec son père et déjà ses propres enfans sont arrivés à un âge où l'intelligence fixe leurs idées, leur attachement personnel. Donnez un emploi à cet homme pour soulager sa famille, n'est-il pas évident que son vieux père en sera glorieux, que ses jeunes enfans tressailleront de joie, et que lui-même vous dévouera toute sa famille? Ainsi, par sa libéralité envers un seul, le gouvernement peut se montrer généreux pour un grand nombre; ainsi un seul sujet content en dirigera cinquante autres dans la bonne voie, et nous arriverons à une réunion prochaine. Plus tard, s'il faut combattre, nous pourrons compter sur la force et la vigueur de nos athlètes. Je ne prétends point exclure des hautes fonctions de la magistrature les vieillards à cheveux blancs, je souhaite au contraire qu'on utilise le plus qu'il sera possible leur longue expérience dans les affaires, et qu'on nous les montre comme des modèles à imiter, mais seulement dans les premières charges de l'état, et surtout dans l'ordre judiciaire ou à la tête des administrations qui demandent une longue étude des lois ; car à vingt-cinq ans, toutes les fonctions administratives, peuvent être remplies par des Français.

Cependant pour réunir des esprits que l'intérêt, beaucoup plus que la politique, a divisés jusqu'à ce jour, indépendamment du grand moyen que je propose, il est encore d'autres moyens également puissans, et qui ne paraissent pas avoir été suivis.

Ces moyens sont de la plus haute politique ministérielle, de la plus haute politique d'état. Si je les signale au ministère, ce n'est pas que je croie qu'il les ignore ; mais c'est pour qu'on ne suppose point que le peu de cas qu'on en a fait jusqu'à ce jour, leur donne un air d'impuissance.

Dans une monarchie, il faut que le riche dépense pour répandre l'aisance sur les classes pauvres ; il faut encore que l'aristocratie ne devienne pas trop puissante par ses richesses. Plus les fortunes sont minces, plus les hommes sont humbles et soumis. Choisissez donc des préfets, millionnaires s'il est possible, ou bien donnez aux vôtres un traitement convenable, et ordonnez-leur de le dépenser. Ce ne sera point une perte ni un dommage pour les contribuables, au contraire ; la circulation des espèces ministérielles vivifie le commerce et l'agriculture. Qu'un préfet ouvre ses salons deux et trois fois par semaine à la société toute entière de son département, ceux qui, par leurs ressources, se croiront en état de les fréquenter, seront astreints à un certain luxe, et le commerce y trouvera son compte ! Qu'un préfet donne d'excellens dîners, rien ne figure mieux sur une table ministérielle que les produits de l'agriculture ! Mais ce n'est pas là toute la puissance du moyen, il tend à réunir. Combien d'hommes en effet n'ont-ils pas été éloignés dans leur affection parce qu'on les a rebutés, parce qu'on les a méprisés en quelque sorte, en ne les environnant pas de toute la considération dont ils étaient dignes. Ce sont ceux-là, les mécontens, qui doivent avoir les premières places dans vos réunions de famille ; vous les combattrez, vous les édifierez, et la confiance que vous leur témoignerez les convertira. Et peu importe en effet qu'un préfet ait toujours autour de lui trois ou quatre directeurs salariés avec lesquels il échange quelques dîners ! Qu'importe qu'il ait une nombreuse famille qui se divertisse bien *toute seule.* Le public en murmure et le mécontentement général éclate. Mais il importe beaucoup, et j'en ai donné les raisons plausibles, que le représentant du gouvernement dans une province y donne des fêtes où les opinions viennent se confondre, et les hommes se concerter, s'entendre et se réunir.

Regis ad exemplar totus componitur orbis.

Une préfecture doit être un temple d'amour pour le prince, un foyer de parabole politique et un musée ouvert aux sciences, aux arts et à tous les genres de talens.

En général, le gouvernement du Roi est intéressé à ce que ceux qui reçoivent, de la main libérale du monarque, l'or du trésor public, soient, en quelque sorte, obligés de le dépenser pour l'honneur du prince et de la nation. L'avenir des fonctionnaires est assuré par la munificence royale. Nous sommes donc autorisés à exiger d'eux une représentation en harmonie avec le rang qu'ils occupent. Un étranger, un voyageur de distinction, un nouvel employé de l'administration, arrivent-ils dans un chef-lieu de préfecture? c'est-là qu'ils doivent trouver une généreuse hospitalité; c'est-là qu'ils doivent recevoir une impulsion favorable au pays qu'ils viennent habiter; c'est-là enfin qu'ils concevront une haute idée du pouvoir du gouvernement, et de la générosité de la nation elle-même.

La générosité des gouvernans est comme une bourse commune dans laquelle chacun a placé ses réserves.

Si le gouvernement, peu attentif à la nécessité de la représentation, ne tient pas la main à ce qu'elle reçoive partout un certain éclat, qu'en arrivera-t-il? que nous resterons long-tems soumis à l'empire de l'égoisme, et que les plus hautes fonctions perdront de leur dignité tant qu'elles seront remplies par des hommes constamment occupés à thésauriser, et par conséquent avares des libéralités qu'on leur prodigue, comme si nous vivions sous un gouvernement qui exclût la grandeur d'ame et tous les sentimens de la noblesse du caractère français.

Mais il n'en sera point ainsi, on sentira bientôt toute l'importance de mon raisonnement, toute sa puissance politique, et toute son influence sur la prospérité commerciale et sociale de la France.

J'ai déjà dit que les grandes richesses de l'aristocratie pouvaient devenir redoutables à la monarchie, et c'est particulièrement sous le régime représentatif que l'on peut mieux en apprécier l'influence. Le gouvernement ne doit donc pas être l'artisan des fortunes colossales; je soutiens au contraire qu'il est intéressé à les réduire, mais par des moyens licites, et ce sont ceux de la représentation qu'il ne faut pas confondre dans les écarts d'un vain luxe, mais classer dans les règles d'une administration sage, prévoyante et éclairée.

Si toutes les grandes charges étaient purement honorifiques, les hommes qui les occupent acquéreraient un haut degré d'estime publique; et par cela seul qu'ils ne paraîtraient point intéressés pécuniairement aux affaires, on leur tiendrait compte de leur noble dévouement, de leur généreux désintéressement. Mais après dix ans de restauration, tout est encore soumis à l'empire de l'égoïsme. La haute administration confiée à un seul homme par dépar-

tement, est encore le privilége d'une seule famille par chaque province, d'où il suit que les
emplois sont exclusivement réservés aux hommes de la même cotterie. Enfin, sous le gouver- .
nement qui offre plus de liberté aux peuples,
les princes et les ministres seuls s'astreignent
aux rigueurs de la représentation, tandis que
les gouverneurs des provinces exercent à l'écart
une sorte de despotisme presque général. Il
n'est pas jusqu'aux femmes dont les honorables
maris sont investis de quelques charges qui ne
fassent aussi sentir leur suprématie aux dames
du monde. Et pourtant dans nos mœurs fran-
çaises, les dames ne devraient apporter à la
société qu'un esprit de cour et de bon ton ;
elles ne devraient à cette société qu'elles sont
appelées à recevoir momentanément, et qui
souvent les élève de même, que des regards
d'affection et de bonté. Enfin, la femme, la fille,
la nièce d'un préfet, me semblent, par leur po-
sition, obligées à des déférences sociales, lors-
qu'elles font les honneurs d'un cercle, en quelque sorte public, dans les palais entretenus aux
frais de nos départemens. Chez nous, simples
particuliers ou subordonnés par état, ces dames
recevront les honneurs, les préséances dues à
leur rang, à leur sexe !

J'ai émis la crainte de voir succéder au fanatisme politique qui s'agite expirant à *droite* et à *gauche*, un autre fanatisme plus dangereux. J'explique ma pensée. On devine qu'il s'agit ici du fanatisme religieux. Ce fanatisme est enfant de l'ignorance ; il ne sera plus dangereux si les prêtres sont instruits. La lumière de l'évangile est toute céleste et brille naturellement, mais elle ne peut frapper les yeux de celui qui est aveugle sur les connaissances du monde et qui marche guidé par le préjugé, l'erreur ou la sottise.

Loin de moi l'injuste dessein de calomnier ici l'ancien clergé de France, je me prosterne au contraire devant sa haute érudition, devant sa noble conduite et son généreux dévouement. S'il existe encore quelques-uns de ces hommes vertueux, paisibles et courageux pasteurs d'un troupeau égaré, la considération publique les environne de toutes parts, ils sont aimés, chéris et fêtés partout comme des modèles de fidélité, de loyauté et de sagesse. Hâtons-nous donc de leur donner des successeurs dignes de perpétuer par leurs vertus la mémoire des pères de notre église. Et comment y parvenir ?

C'est en fixant la condition et le sort des

ecclésiastiques, en établissant l'indépendance du clergé et en bornant son empire *aux choses spirituelles.*

Regnum meum non ex hoc mundo.

On a prétendu que tant que les émigrés ne seraient pas indemnisés, il **y** aurait toujours dans l'esprit de certaines gens une arrière-pensée sur la paisible possession de leurs biens. La charte et la parole royale sont des assurances trop certaines pour autoriser de semblables craintes; mais c'est le sentiment que nous avons tous de la justice d'une indemnité qui fait que l'on a pu s'inquiéter un instant. Le Roi a parlé: les *dernières plaies de la révolution seront fermées*, et les craintes sont dissipées.

Qu'il y a loin de ces assurances généreuses aux entreprises continuelles de la malveillance, pour répandre et propager des bruits absurdes!

Les esprits législatifs paraissent s'être assez généralement accordés sur ce point, que le clergé ne doit pas être propriétaire ; mais où sera donc son existence ? Est-ce avec la modique rétribution de cinq ou six cents francs que vous donnez annuellement à un desservant, qu'il pourra vivre décemment et honorablement ? Le luxe est aujourd'hui trop recherché, les habitudes sont trop coûteuses, et l'argent est à trop bon marché pour qu'il soit possible d'exister avec si peu de chose. Quel est d'après cela le père de famille qui dévouera son fils à l'étendard de la foi, s'il sait qu'il lui prépare une existence de privations et de misère ? Il n'est que tems de réfléchir à toutes ces observations, car c'est aussi là le *hic*.

Assurez au clergé un sort indépendant, honorable ; les fils de famille accoureront d'eux-mêmes pour briguer l'honneur de le partager ; les pères feront avec confiance des sacrifices pour l'éducation pastorale de leurs enfans ; et vous aurez bientôt un clergé distingué par son extraction, instruit par sa vocation, et en état de rappeler les anciens tems de l'église, de renouveler son triomphe et de faire aimer *Dieu* et le *Roi !*

Ce que j'indique ici fait assez la critique de ce qui est pour me dispenser d'en faire l'apologie en ce qui regarde surtout les jeunes acolytes, que les besoins urgens de l'église ont pourvus trop promptement de succursales. Mon intention, au surplus, n'a d'autre but que le bien général et particulièrement l'honneur et le bien être du clergé que je vénère dans son saint ministère, que j'estime dans sa conduite privée, et qu'il faut relever dans sa condition humaine.

En indiquant dans cet écrit de grands moyens d'harmonie intérieure, j'ai la certitude de rencontrer de nombreux approbateurs ; mais j'aurai contre moi beaucoup d'égoïstes inamovibles par protection, tous gens très-indifférens sur le sort des autres et par conséquent moins dignes d'affection. Le ministère a fait un pas vers le bien, tous les honnêtes gens appuieront sa marche *en avant !...*

Ce n'est point une réforme que je propose : la retraite est une récompense ; l'activité une faveur. Nous jouissons d'une paix extérieure que *rien ne paraît devoir troubler de long-tems;* je vote pour qu'on assure la paix intérieure, qui, au surplus, n'a besoin que d'être consolidée.

L'HARMONIE.

On ignore par quels ressorts
On voit certains états grands en si peu d'années;
Je vous l'apprends ici : c'est à mes doux accords,
Que ces heureux états doivent leurs destinées.

Concordiâ, res parvæ crescunt; discordiâ, maximæ dilabuntur.

C'est par la concorde, que les plus petites choses s'accroissent et s'affermissent ; c'est par la discorde, que les plus grandes tombent et périssent !...

FIN.

IMPRIMERIE DE Me BOUQUOT. TROYES.